자두의 과학일기

자두의 과학일기 [날씨와 생활]

2018년 9월 28일 초판 1쇄 발행
2022년 11월 25일 초판 5쇄 발행

글 | 노지영
그림 | 최호정, 박은자

발행인 | 정동훈
편집인 | 여영아
편집 | 김지현, 김학림, 김상범, 김지수, 변지현
디자인 | 장현순
제작 | 김종훈
발행처 | ㈜학산문화사
등록 | 1995년 7월 1일 제3-632호
주소 | 서울 동작구 상도로 282 학산빌딩
전화 | 편집 문의 02-828-8873 영업 문의 02-828-8962
팩스 | 02-823-5109
홈페이지 | www.haksanpub.co.kr

ⓒ이빈, 노지영, 최호정 2018
ISBN 979-11-6330-173-8 74400
ISBN 979-11-256-5033-1 (세트)

※KC마크는 이 제품이 공통안전기준에 적합하였음을 의미합니다.
※이 책은 저작권법에 따라 한국 내에서 보호받는 저작물이므로 무단 전재와 무단 복제를 금합니다.
  이 책의 전부 또는 일부를 이용하려면 반드시 저작권자와 출판사의 동의를 받아야 합니다.
※잘못된 책은 바꾸어 드립니다.

안녕 자두야 과학일기

자두가 가장 궁금해하는
날씨와 생활 상식 25가지

[날씨와 생활]

채우리

| 머리말 |

날씨는 우리 생활에 어떤 영향을 미칠까요?

운동회 날이나 체험 학습을 가는 날이면

왜 꼭 비가 올까요?

태풍이 오면 엄청난 비가 쏟아지기도 하고

어떤 때는 비가 한 방울도 내리지 않아서

농부 아저씨들을 시름에 빠지게도 하지요.

도대체 날씨란 녀석은 늘 제멋대로! 정말 맘에 안 들어요.

날씨를 우리 맘대로 조절할 수 있다면

참 편리할 것 같은데 말이에요.

비도 바람도 적당히, 여름날 뜨거운 햇볕도, 한겨울 추위도

딱 알맞게 찾아온다면 좋을 것 같아요.

하지만 날씨는 우리 맘대로 조절할 수 있는 게 아니에요.
그렇다면 날씨는 무엇 때문에 자꾸 변하는 걸까요?
날씨를 변화시키는 힘은 바로 태양 에너지로부터 나와요.
지구 공기층인 대기가 태양열을 받아 이리저리 움직이면서
대기권에서는 여러 가지 현상이 일어나지요.
이렇게 대기권에서 일어나는 여러 가지 현상을
'날씨' 또는 '기상'이라고 한답니다.
자, 이제부터 폭염에 한파, 태풍에 비바람까지!
바람 잘 날 없는 자두네 날씨 이야기 속으로 함께
떠나 볼까요?

노지영

| 차례 |

1장 날씨 이야기

자두의 눈물 젖은 운동화 · 10
날씨는 무엇 때문에 변할까?

태양이 남긴 위대한 흔적 · 14
날씨를 움직이는 힘, 태양

물거품이 된 한라산 등반 · 18
구름, 비, 눈, 안개, 태풍을 만드는 수증기

자두와 민지의 공포 체험 · 22
천둥 번개는 왜 치는 걸까?

누가 애기 좀 말려 줘요! · 26
구름의 종류

미미와 애기의 연날리기 대결 · 30
바람은 왜 부는 걸까?

자두의 책풍 · 34
지구상에서 가장 힘이 센 바람은?

쌍무지개 뜨던 날 · 38
무지개는 어떻게 생겨날까?

2장 놀랍고 신기한 날씨의 비밀

미미의 깜찍한 크리스마스 계획 · 44
북반구, 남반구의 계절의 차이

'도전! 날씨 골든 벨'의 우승자는? · 48
지구에서 가장 추운 곳, 남극

비를 몰고 다녔다는 아빠 · 52
인공 강우란 뭘까?

은희는 오로라 공주 · 56
북극 지방의 특이한 기상 현상, 오로라

기후 변화 때문이라고? · 60
공룡이 멸종된 것은 기후 변화 때문일까?

3장 날씨와 생활

알뜰 쇼핑 비결 · 66
사계절이 뚜렷한 우리나라

자두와 우리나라 날씨의 공통점 · 70
우리나라 날씨의 계절별 특징

제비 사냥에 나선 돌돌이 · 74
옛날에는 어떻게 날씨를 예측했을까?

민지의 꿈은 기상 캐스터 · 78
기상 예보가 필요한 이유

보물 지도야? · 82
일기도 읽는 법

돌돌이 때문에 불쾌해! · 86
생활 지수는 어떻게 측정할까?

4장 환경과 기상

구두쇠 엄마의 여름 나기 · 92
지구 온난화

북극곰이 불쌍해 · 96
이상 기후와 지구의 위기

폭우와 가뭄을 일으키는 괴물 · 100
이상 기후를 불러오는 엘니뇨와 라니냐

'미세먼지 매우 나쁨'이 불러온 일상 · 104
미세먼지의 위협

지구는 자두가 지킨다! · 108
지구 온난화를 막기 위한 우리의 노력

1장 날씨 이야기

01 자두의 눈물 젖은 운동화
날씨는 무엇 때문에 변할까?

02 태양이 남긴 위대한 흔적
날씨를 움직이는 힘, 태양

03 물거품이 된 한라산 등반
구름, 비, 눈, 안개, 태풍을 만드는 수증기

04 자두와 민지의 공포 체험
천둥 번개는 왜 치는 걸까?

05 누가 애기 좀 말려 줘요!
구름의 종류

06 미미와 애기의 연날리기 대결
바람은 왜 부는 걸까?

07 자두의 책풍
지구상에서 가장 힘이 센 바람은?

08 쌍무지개 뜨던 날
무지개는 어떻게 생겨날까?

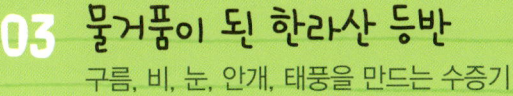

[날씨와 생활]

자두의 눈물 젖은 운동화

3월 5일 월요일 | 날씨 비가 올 거라고 했는데…….

아침에 일어났더니 하늘이 맑았다. 분명 어젯밤 일기 예보에는 비가 올 거라 했는데 말이다. 일기 예보가 엉터리였던 거냐, 날씨가 변덕을 부린 거냐? 기상청이든 하늘이든 용시하지 않겠다! 백만 년 만에 새로 산 운동화를 멋지게 자랑하고 싶었는데. 흑흑!
비에 젖은 아니, 눈물에 젖은 운동화를 신고 다녔더니 발이 퉁퉁 부었다. 그런데 날씨는 누가 정하는 거지? 하느님? 부처님?

날씨는 무엇 때문에 변할까?

'내일 날씨는 어떨까?' 사람들은 스마트폰이나 뉴스의 기상 예보로 내일 날씨를 알아봐. 그래야 우산이 필요할지, 옷을 어떻게 입어야 할지, 바깥 활동을 하기에 괜찮을지 미리 알아보고 준비할 수 있거든. 날씨는 우리 생활과 아주 밀접한 관계가 있어. 소나기, 태풍, 폭설, 폭염, 황사 등 커다란 자연재해는 물론이고 비교적 작은 날씨 변화도 우리 생활에 영향을 끼친단다.

날씨는 누가 만드는 거예요?

 날씨는 누가 만드는 게 아니라 대기에서 일어나는 현상이야. 대기는 지구 표면을 둘러싸고 있는 공기층을 말하지.

 음, 공기층에서 일어나는 현상이라고요?

지구의 공기층인 대기는 태양열을 받아서 이리저리 움직여. 또 대기 중에 모인 수증기가 구름을 만들고 그 안에서 비가 오고 눈이 내리기도 하지. 이렇게 대기권에서 일어나는 여러 가지 현상, 즉 맑거나 구름이 가득한 것, 바람이 불거나 비와 눈이 오는 것 등을 '날씨', '일기', '기상'이라고 부른단다.

[태양] 태양이 남긴 위대한 흔적

| 4월 12일 목요일 | 날씨 윤석이 얼굴에 자국이 남은 날 |

윤석이가 드디어 자기의 바람대로 구릿빛 남자로 다시 태어났다. 대신 얼굴에는 영광의 흔적이 남았다. 이름하여 새하얀 안경 자국! 으하하하! 똑똑한 윤석이가 왜 그걸 예상 못한 걸까? 태양 빛이 얼마나 강렬한데 몇 날 며칠을 그러고 있었다니. 그나저나 선생님 말씀으로는 지구상의 모든 날씨 변화는 태양 때문이라는데, 태양이 어떻게 비도 오게 하고 바람도 불게 하는 거지?

알짜배기 과학 상식

날씨를 움직이는 힘, 태양

날씨는 계절에 따라, 또는 그날의 대기 상태에 따라 시시때때로 변해요. 왜 이런 변화가 일어나는 걸까요? 날씨를 변화시키는 가장 큰 요인은 태양이에요. 태양이 내뿜는 강한 열 때문에 크고 작은 날씨의 변화가 일어나지요.

태양은 지구랑 얼마나 가깝기에 태양열이 이렇게 뜨거운 거예요?

 태양은 지구에서 약 1억 5천만km나 떨어져 있어. 상상할 수도 없을 만큼 먼 거리인데, 빛의 속도로 날아간다면 8분 20초쯤 걸린단다.

태양열 때문에 따뜻하구나!

우~와

지구의 날씨를 변화시키는 건 태양에서 나오는 에너지예요. 태양 에너지는 복사에 의해 지구에 전달되기 때문에 '태양 복사 에너지'라고 하지요. 태양에서 지구로 전달된 복사 에너지는 지구를 환하게 밝히고, 지구를 둘러싼 기체층인 대기권에 열을 전달해요. 대기는 태양열을 받아서 여러 방향으로 움직이며 날씨의 변화를 일으키지요.

선생님 복사 에너지가 뭐예요?

자두야, 난로 곁에 앉아있으면 따뜻한 열이 전해지지? 이렇게 열이 떨어져 있는 물체를 직접 따뜻하게 만드는 현상을 '복사'라고 한단다.

[구름과 비] # 물거품이 된 한라산 등반

4월 20일 금요일 | 날씨 하늘도 눈물, 나도 눈물

제주도에 여행을 왔다. 우리가 비행기에서 내리는 순간 하늘에서도 비가 내리기 시작했다. 도대체 누가 하늘에 이렇게 큰 구멍을 낸 거냐? 어제부터 앞이 보이지 않을 정도로 쏟아지는 비에 우리 여행은 엉망이 되었다. 미미에게 한라산 백록담을 배경으로 사진을 찍어 주기로 약속했는데. 흑흑! 한라산아, 다음에 오면 올라가 줄게. 백록담에 빗물 꾹꾹 눌러 담고 기다려 줘.

알짜배기 과학 상식

구름, 비, 눈, 안개, 태풍을 만드는 수증기

안개는 이른 새벽에 호숫가나 강가에서 잘 나타난다는데 왜 그런 거예요?

안개도 수증기 때문에 일어나는 현상이거든. 강가나 호숫가의 수증기가 기온이 낮아지면 지표면 근처에서 물방울이나 얼음으로 바뀌어 안개가 된단다.

땅 위에서 뜨겁게 데워진 공기는 위로 올라가요. 그 따뜻해진 공기 속에는 수증기가 포함되어 있지요. 공기가 위로 올라가면서 부피는 점점 커지고 온도는 낮아져요. 이렇게 온도가 낮아지면 수증기는 작은 물방울이 되는데, 이걸 '응결'이라고 해요. 구름은 작은 물방울이나 얼음 알갱이가 모여서 하늘에 떠 있는 것을 말하지요.

거대한 구름이다!

녹지 않고 알갱이가 점점 커지고 무거워져서 지표면에 그대로 떨어지면 그게 눈이야.

태풍도 수증기에 의해 만들어지는 거예요?

 맞아. 열대 지방의 여름 바다에서 엄청난 양의 물이 수증기로 변해 하늘 높이 올라가. 그리고 그 빈 공간에 공기가 채워져 만들어지는 게 태풍이란다.

구름 속 작은 물방울이나 얼음 알갱이가 점점 커지고 무거워지면 떨어지는데, 이때 기온이 높은 곳을 지나면 녹아서 비가 되어 내려요. 녹지 않고 알갱이가 점점 커지고 무거워져서 지표면에 그대로 떨어지는 것이 바로 눈이에요.

응결

부피 ↑
온도 ↓

따뜻해진 공기

와~ 비다

【천둥과 번개】 자두와 민지의 공포 체험

| 5월 7일 월요일 | 날씨 천둥과 번개 때문에……. |

돌돌이와 윤석이가 '공포 클럽'이란 걸 만들었다. 한 달에 한 번씩 세상에서 가장 무서운 곳에 다녀오거나 공포 영화를 보며 담력을 키우는 모임이란다. 니와 민지는 간단한 테스트를 보고 클럽에 들어가기로 했다. 하지만 결과는 참담했다. 갑자기 친 천둥소리에 나는 너무 놀라 그만 기절초풍해서 뛰쳐나오고 말았다. 창피하다. 나도 민지처럼 귀마개를 하는 거였는데!

알짜배기 과학 상식

천둥 번개는 왜 치는 걸까?

천둥은 왜 꼭 번개 뒤에 따라오나요?

천둥과 번개는 거의 동시에 일어나. 그런데 우리가 빛의 현상인 번개를 먼저 보고 소리 현상인 천둥을 좀 더 뒤에 듣는 것은 빛과 소리의 전달 속도 차이 때문이란다. 빛이 소리보다 더 빠르기 때문에 우리가 항상 번개를 보고 천둥소리를 듣는 거지.

번개는 소나기를 만드는 적란운이라는 수증기를 많이 포함한 비구름에서 만들어져요. 주로 여름철에 만들어지는 적란운은 강한 햇볕을 받은 땅의 습한 공기가 위로 올라가 만들어지지요. 그 구름 위쪽에는 양전기를 띤 얼음 결정이, 아래쪽에는 음전기를 띤 물방울이 있어요.

이 전기 입자들이 위아래로 움직이다가 부딪혀서 마찰 전기가 일어나요. 이때 번쩍하고 불꽃 현상이 일어나지요. 그게 바로 번개예요. 또 번개가 구름이나 하늘이 아닌 땅으로 떨어지면 낙뢰, 즉 벼락이에요.

번개와 천둥 소리를 듣고 번개가 치는 곳까지의 거리를 알 수 있나요?

번개와 천둥 소리와의 시간 차이를 재면 그곳에서 얼마나 멀리 떨어진 곳에서 번개가 쳤는지 알 수 있단다. 차이가 클수록 멀리 떨어진 곳에서 번개가 치는 거지.

[구름] 누가 애기 좀 말려 줘요!

| 5월 31일 목요일 | 날씨 구름이 몽글 몽글 |

애기가 그린 구름 그림을 보고 나니 하루 종일 입맛이 하나도 없었다. 아니, 애기는 어쩌다 그런 더러운 상상을 한 건지. 그나저나 애기가 그린 똥 구름이 정말 내 똥처럼 생겼단 말이야! 그렇다면 엄마 똥, 아빠 똥도 애기가 그린 그림처럼 생겼단 말인가? 으으으, 더러워! 많고 많은 것들 중에 하필 똥 구름이 뭐람! 누가 우리 애기 좀 말려 줘요!

알짜배기 과학 상식

구름의 종류

구름이 어떤 모양이 되는가는 수증기의 양, 기온, 바람 등이 영향을 미쳐요. 구름의 종류는 크게 권운(털구름), 층운(층구름), 적운(쎈구름)으로 나눌 수 있지요.

선생님, 양 떼처럼 보이는 구름은 뭐라고 불러요?

작은 구름 덩어리가 규칙적으로 늘어선 구름을 보면 양 떼가 이동하는 것 같지? 그 구름을 고적운이라고 불러. 고적운은 너무 높지도 너무 낮지도 않은 하늘에 만들어지는데 탑 모양, 층 모양을 이루기도 하지.

권운은 가장 높은 하늘에 생기는 구름이에요. 얼음 알갱이로 이루어진 권운은 깃털 모양, 머리카락 모양으로 생겼어요. 날씨가 따뜻해지려면 하늘에서 권운이 점점 커지고 많아지지요. 층운은 층층이 쌓여서 얇게 퍼져 있는 구름이에요. 층운은 권운과

번개다 무서워

적란운

권층운

반대로 낮은 하늘에 뜨고 안개와 비슷하지요. 땅과 점점 가까워지면 층운을 안개라고 부른답니다.

권운

　적운은 수직으로 쌓여 있는 뭉게구름이에요. 적운이 수직 모양인 것은 열에 데워진 공기가 수직으로 상승하며 생겨난 구름이라 그래요. 적운이 점점 더 커져서 높은 하늘까지 산처럼 크게 생겨나면 적란운이라고 불러요. 적란운을 소나기구름이라고도 부르는데, 적란운에서는 천둥과 번개를 불러오는 소낙비가 내리지요.

권적운

고적운

고층운

적운

층적운

층운

난층운

미미와 애기의 연날리기 대결

6월 2일   요일   날씨 바람 한 점 없는 날

나는 오늘 아주 충격적인 사실을 하나 알았다. 그건 연이 겨울에만 잘 나는 게 아니란 사실이다. 아빠가 그러는데 연이 잘 날리려면 바람이 중요하단다. 그러니까 한여름에도 바람이 쌩쌩 잘 불면 연을 날릴 수 있다는 것! 그 중요한 사실을 진즉 알았더라면 추운 겨울에 연날리기하느라 고생하지 않아도 됐잖아? 억울해! 억울해! 아빠는 그동안 추위에 떨던 내 시간을 보상하라!

알짜배기 과학상식

따뜻한 공기

바람은 왜 부는 걸까?

날씨를 변화시키는 가장 큰 요인은 바로 태양이에요. 바람을 불게 하고 바람의 방향을 바꾸게 하는 것도 태양 때문이에요.

바람 한 점 없이 고요한 날, 우리 주위의 공기는 가만히 멈춰 있는 것 같지만 그렇지 않아요. 공기는 지구 위에서 늘 움직이고 있지요.

 고기압, 저기압이 뭐예요?

 기압은 공기가 누르는 힘을 말해. 뜨거워진 공기는 올라가려 하니까 주변보다 기압이 낮은 저기압이 되지. 반대로 차가워진 공기는 내려가려 하니까 강하게 누르는 힘에 의해 고기압이 된단다.

바람이 일어나는 건 태양열이 지구로 쏟아져 지구의

상승기류

같이가~

육지

저기압

차가운 공기

땅과 공기와 물을 데우기 때문이에요. 낮 동안에는 바다보다 육지가 금방 뜨거워지고, 뜨거워진 공기는 위로 올라가지요. 그러고 나면 그 빈자리에 찬 공기가 밀려 들어와요. 뜨거워져서 올라간 공기는 높이 올라가면서 점점 다시 차가워지고 다시 아래로 내려온답니다.

하강기류

> 바닷가에서 낮에는 해풍이 불어온다는데 왜 그런 거예요?

> 낮에는 바닷물보다 육지가 빨리 뜨거워져. 그럼 육지의 공기가 위로 올라가고 그 빈 공간으로 바다 쪽에서 불어오는 바람이 채워지지. 그래서 낮에는 해풍, 즉 바닷바람이 불어온단다.

이렇게 공기는 뜨거워지고 다시 차가워지고를 반복하면서 끊임없이 움직이지요. 이러한 공기의 움직임이 바로 바람이랍니다.

바다 고기압

[토네이도]
자두의 책풍

7월 13일 화요일 | 날씨 먼지 바람이 분 날

교실에서 남자애들에게 숨겨둔 내 '책풍 권법'을 보여 주다가 선생님에게 혼이 났다. 윤석이 만화책에 나오는 장풍보다 힘이 세야 한다는 생각에 내가 너무 무리했는지, 책이 다 찢어져서 너덜너덜해지고 말았다. 책이 찢어진 게, 왜 내 탓이냐고! 나를 자극해서 책을 찢게 만든 윤석이 탓이지!

그런데 가장 힘이 센 바람은 뭘까?

알짜배기 과학 상식

지구상에서 가장 힘이 센 바람은?

지구상에서 가장 힘이 센 바람은 땅 위의 열차도 들어 올리는 토네이도예요. 실제로 1930년에 미국의 미네소타주에서는 사람들이 타고 있던 열차가 토네이도에 휘말려 8미터 상공으로 들려 올라간 적이 있었지요. 토네이도에게 '진공청소기'란 별명이 붙은 것도 땅 위의 모든 것들을 빨아들이기 때문이지요.
미국에서는 해마다 800여 건의 토네이도가

일어나요. 사람들이 토네이도를 두려워하는 이유는 그 폭풍이 가진 강한 힘 때문이기도 하지만 예측을 할 수 없다는 특징 때문이기도 해요. 여름철 우리나라에 불어오는 태풍은 진행 방향을 예측할 수 있어요. 하지만 토네이도는 언제 어디서 발생할지, 어느 방향으로 나아갈지를 미리 알 수 없답니다.

토네이도 때문에 물고기 비가 내리기도 한다면서요?

실제로 그런 일이 있었지. 토네이도가 지나가면 땅 위의 모든 것을 휩쓸어 가는 것처럼 바다에서 일어나면 물고기가 하늘 높이 휩쓸려 올라간단다. 그랬다가 멀리 떨어진 육지에 후드득하고 떨어지는 거지.

으악

악

| 7월 21일 수요일 | 날씨 서울 하늘에 쌍무지개가 뜨다니! |

날씨가 무지무지 더웠다. 그래서 그런지 한바탕 소나기가 쏟아졌다. 비가 그친 뒤에는 하늘이 맑게 개더니 글쎄 무지개가, 그것도 쌍무지개가 떴다. 그 모습이 얼마나 멋있던지! 그런데 엄마의 등짝 스매싱을 피해 옷을 챙겨 입고 나온 사이에 아쉽게도 무지개는 사라지고 없었다. 도대체 예쁜 것들은 왜 그렇게 금방 사라지는 걸까?

알짜배기 과학 상식

무지개는 어떻게 생겨날까?

빨주노초파남보, 일곱 가지 빛깔의 무지개! 무지개는 비가 그친 뒤 하늘에 나타나요. 그런데 무지개는 왜 비가 내린 뒤에 볼 수 있는 걸까요? 비가 내리고 나면 공기 중에는 물방울이 많이 떠 있어요. 이때 햇빛이 비치면 그 빛이 물방울에 반사되어 무지개가 나타나는 거예요.

우리도 무지개를 만들 수 있어요?

그럼. 대신 날씨가 아주 맑은 화창한 날이어야 해. 그리고 몇 가지 준비물이 있어야 하지. 일단 햇빛이 쨍쨍한 날, 해를 등지고 서서 물 뿌리는 호스로 안개비처럼 물방울을 흩날려 보렴. 이렇게 해와 물방울 사이에 서 있으면 무지개를 볼 수 있을 거야.

무지개는 왜 한낮보다 이른 오전이나 늦은 오후에 잘 나타나요?

햇빛의 반사 각도 때문이란다. 해가 높이 뜬 한낮보다는 햇빛이 비스듬히 비출 때, 무지개가 잘 나타나지.

혹시 쌍무지개를 본 적이 있나요? 2차 무지개인 쌍무지개는 빛이 물방울의 뒷면에서 두 번 꺾이면서 나타나요. 자세히 보면 1차 무지개와 달리 2차 무지개는 가장 안쪽에서부터 빨강, 주황, 노랑 순서로 배열되지요.

2장 놀랍고 신기한 날씨의 비밀

01 미미의 깜찍한 크리스마스 계획
북반구, 남반구의 계절의 차이

02 '도전! 날씨 골든 벨'의 우승자는?
지구에서 가장 추운 곳, 남극

03 비를 몰고 다녔다는 아빠
인공 강우란 뭘까?

04 은희는 오로라 공주
북극 지방의 특이한 기상 현상, 오로라

05 기후 변화 때문이라고?
공룡이 멸종된 것은 기후 변화 때문일까?

# 미미의 깜찍한 크리스마스 계획

[북반구와 남반구]

12월 19일 화요일 날씨 호주는 여름이라고?

저녁에 한바탕 난리가 났다. 미미가 여름 휴가 가방을 싸 들고는 호주로 크리스마스를 보내러 간다나 뭐라나! 아니, 쟤는 호주가 무슨 옆 동네 놀이 공원인 줄 아나? 어이가 없어서! 그나저나 나는 아주 놀라운 사실을 하나 알았다. 글쎄, 서울은 한겨울인데 호주는 지금이 한여름이라는 거다. 호주가 우주에 있는 것도 아닌데 어떻게 이런 일이 있을 수 있지? 아빠가 호주는 남반구에 있어 그렇다는데, 그게 뭐지?

알짜배기 과학 상식

봄

북반구, 남반구의 계절의 차이

지구는 일 년에 한 번씩 태양 주위를 돌아. 이걸 공전이라고 하지. 그런데 지구는 둥글고 자전축이 23.5도 삐딱하게 기울어져 있어. 이렇게 기울어진 채 태양 주위를 돌다 보니 태양과 지구의 위치에 따라 태양 빛을 받는 양이 달라지는 거야. 태양은 언제나 같은 양의 에너지를 보내지만 지구에서 태양 에너지를 많이 받는 곳은 더운 여름이 되고, 적게 받는 곳은 겨울이 된단다.

아하, 그래서 북반구에 있는 우리가 여름이면 남반구에 있는 호주는 겨울인 거예요?

북반구
남반구 여름

겨울

  맞아. 반대로 12월 추운 겨울에 우리가 크리스마스를 맞이하면 호주는 한여름에 크리스마스를 보내게 된단다.

 음, 한여름의 크리스마스라니 어쩐지 이상해요.

　만약 지구가 삐딱하게 기울어져 있지 않고 자전축이 똑바로 서 있다면 어떻게 될까? 아마 일 년 내내 낮과 밤의 길이가 비슷하고 계절의 변화도 없을 거야. 지구 어느 곳이냐에 따라 받는 태양 에너지의 양은 다르겠지만 어떤 한 곳이 일 년 내내 받는 태양 에너지의 양은 똑같을 거야.

가을

'도전! 날씨 골든 벨'의 우승자는?

12월 22일 금요일 | 날씨 남극보다 추운 우리 집

학교에서 날씨와 생활에 관한 주제로 '도전! 골든 벨 대회'가 열렸다. 나는 최종 결승까지 잘 올라갔지만 아깝게도 우승을 놓치고 말았다. 지구상에서 가장 추운 곳이 남극이라니! 쳇! 그건 우리 집에 안 와 본 사람들의 이야기다. 난방비를 아끼려는 구두쇠 엄마 때문에 우리 집은 남극에서보다 더 추운 겨울을 보내야 한다. 흑흑, 지구상에서 가장 추운 곳은 분명 우리 집이다.

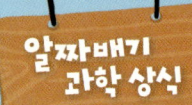

지구에서 가장 추운 곳, 남극

 남극과 북극을 떠올리면 공통적으로 떠오르는 게 있어요. 바로 눈과 얼음, 극심한 추위가 그것이지요. 이렇게 극과 극에 위치한 남극과 북극이 아주 비슷한 것 같지만 서로 크게 다른 점이 있어요. 바로 북극은 바다이고 남극은 대륙이라는 점이지요.

 남극 대륙은 지구의 모든 땅의 대략 9%나 차지하고 있어요. 꽤 넓은 대륙이지요. 남극해에 둘러싸인 남극 대륙은 약 98%가 아주 두꺼운 얼음으로 뒤덮여 있어요.

 지구 북극점 근처의 북극은 바다로 이루어져 있어요. 바다는 열을 흡수하고 저장해요. 반면 얼음은 햇빛을 반사하지요. 그래서 얼음 대륙인 남극보다는 북극이 조금 더 따뜻하답니다.

너희 누구냐?

남극의 평균 기온은 영하 55도쯤 되지.

 으악! 그렇게 추운 곳에서 사람이 산다고요?

 그래서 잠시 남극을 연구하러 온 사람들이 머무르다 갈 뿐 북극처럼 원주민들이 살지 못한단다.

남극은 너무 추워서 사람이 살기에 적당하지 않아요. 그래서 잠시 머물다 떠나는 사람들, 그리고 추위에 적응한 펭귄과 같은 동물들이 살지요. 식물들 중에서도 나무는 살지 못하고 지의류(조류와 균류가 도움을 주며 살아가는 공생 생물)가 대부분을 차지해요.

[인공 강우]

비를 몰고 다녔다는 아빠

3월 5일 화요일 | 날씨 결국 비가 내린 날

모처럼 온 가족이 대공원으로 소풍을 다녀왔다. 어젯밤에 아빠가 일기 예보를 보며 그렇게 조마조마해 하시더니 그 이유를 알게 되었다. 전설 속에 등장하는 상상 속의 동물, 이무기는 연못 속에 산단다. 사진을 찾아보니 정말 아빠랑 닮은 것도 같았다. 아빠는 인공 강우를 맞았지만 그래도 좋다고 하셨다. 우리 가족 모두 행복했다.

알짜배기 과학 상식

인공 강우란 뭘까?

　3월 22일은 '세계 물의 날'이에요. 수도꼭지만 틀면 물이 콸콸 나오니, 우리나라도 물 부족 국가에 속한다는 걸 잘 모르고 있을 거예요. 최악의 가뭄을 겪으며 지구의 여러 지역은 점점 사막처럼 변하고 있어요. 땅에서 식물이 점점 자라지 못하면 사람들도 살지 못하고 다른 곳으로 이동해 가야 하지요. 아프리카 여러 나라에서는 늘 물이 부족해서 하루에도 수천 명의 아이들이 목숨을 잃고 있어요.

왜 물이 자꾸 부족해지는 거예요?

지구에 점점 더 너무 많은 사람들이 사는 것도 한 가지 이유가 되고 기후 변화로 비가 오는 양이 줄어서도 그렇지.

이렇게 사막화되는 땅을 살리기 위해 사람들은 '인공 강우'를 개발했어요. 바로 사람이 직접 비를 만들어서 내리게 하는 거예요. 비는 구름에서 내리니 구름 속에 비가 내릴 만한 조건을 만들어 주는 거지요. 구름 속에 곱게 부순 드라이아이스 조각을 뿌리면 물방울이 작은 얼음덩어리가 되어 땅으로 내려가게 되고 내려오면서 녹아 비가 되지요.

인공 강우만 잘 만들면 이제 물이 부족할 일은 없겠네요?

수증기

그렇지만도 않아. 구름이 없는 곳에서는 인공 강우도 불가능하니까. 가뭄이 심한 대부분의 지역에는 구름이 거의 없단다.

요오드화은

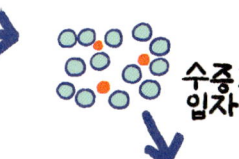
수증기 입자

눈 혹은 비

[오로라]

은희는 오로라 공주

4월 12일 금요일 날씨 하늘이 깜깜한 날

선생님이 보여 주신 오로라는 정말 신비로웠다. 세상에서 누가 저렇게 아름다운 빛깔을 만들 수 있을까? 그나저나 은희는 어디서 그런 유치한 드레스를 구해 입고 나타난 건지! 스스로가 정말 오로라처럼 아름다운 모습이라고 생각하는 걸까? 은희는 아무리 생각해도 정말 미스터리한 아이다.

알짜배기 과학 상식

북극 지방의 특이한 기상 현상, 오로라

'하늘의 신비한 커튼'이라 불리는 오로라! 오로라는 극지방 하늘에 나타나는 신비롭고 아름다운 빛의 현상이에요. 오로라를 간단하게 설명하자면 태양으로부터 날아오는 높은 온도의 입자들이 지구 자기장의 영향을 받아서 원래 길에서 벗어나며 만들어지는 거예요.

오로라는 지구에서만 나타나는 거죠?

아니, 태양빛 때문에 나타나는 현상이니 다른 행성에서도 나타날 수 있단다. 자기장에 의한 현상이니까 지구처럼 자기장을 가진 행성이어야 하겠지. 태양계에서는 토성, 목성, 천왕성, 해왕성에서 오로라가 목격된다고 해.

   오로라는 대부분 북극 지방에서 관찰되지만 남극 지방에서도 나타나요. 단 남극 지방에서 오로라를 볼 수 있는 곳은 일반 사람들이 가기 어려운 곳이에요. 그래서 오로라 관광지는 주로 북극 지역에 있답니다.

   오로라는 구름 한 점 없이 맑고 깨끗한 날에 더욱 멋지게 그 모습을 드러내요. 오로라 현상은 낮이나 밤이나 나타나지만 낮에는 오로라를 맨눈으로 관찰할 수 없어요. 그래서 북반구에 어두운 밤이 찾아오는 9월에서 3월 사이가 오로라를 관찰하기 좋은 때이지요.

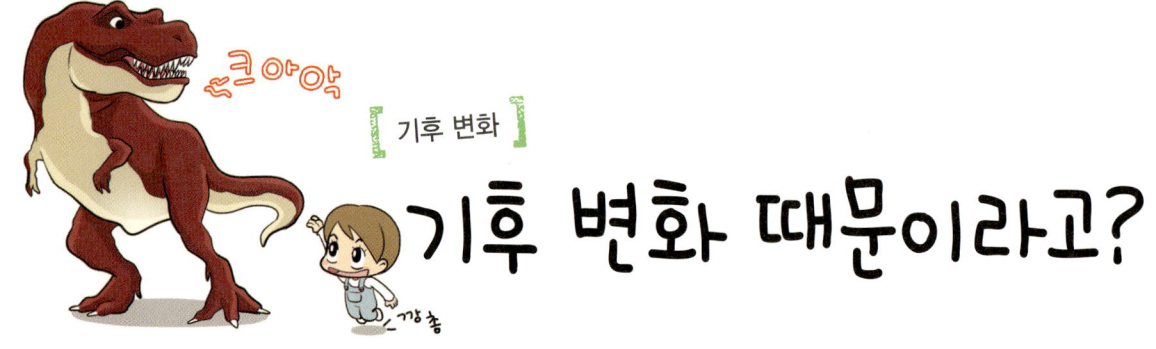

오늘도 애기 울음소리로 시끄러운 하루였다. 애기가 울면 자동으로 나는 엄마에게 등짝 스매싱을 당한다. 흑, 불쌍한 최자두! 요즘 나는 우리 집에 작은 소행성이 떨어지는 상상을 자주 한다. 그 소행성이 옛날 지구에서 그랬던 것처럼 애기의 소중한 공룡들을 모조리 멸종시키는 거다. 그러면 우리 집에 한동안 평화가 찾아올 텐데.

알짜배기 과학 상식

공룡이 멸종된 것은 기후 변화 때문일까?

 선생님, 옛날의 지구가 어땠는지 어떻게 알 수 있어요?

 과학자들은 지구의 지층과 화석, 남극의 땅속 얼음 기둥 등을 연구해서 알아낸단다.

1억 5천만 년 전 중생대 후기 백악기에는 지구에 공룡이 많이 살았어요. 우리나라가 속한 한반도도 덥고 건조한 기후를 가지고 있어서 공룡들이 많았지요. 그런데 그 많던 공룡들은 약 6천 5백만 년 전에 모두 사라져 버렸어요. 과학자들은 공룡이 멸종된 이유에 대해 여러 가지 가설을 내놓고 있어요.

"추위 때문에 모두 죽었어!"

어느 날, 커다란 소행성이 지구로 날아와 지구와 충돌했어요. 그 충격으로 곳곳에서 불이 나고 화산도 폭발했지요. 엄청난 양의 먼지가 공중으로 솟아올라 하늘을 덮기 시작했어요. 햇볕은 차단되었고 지구에는 엄청난 추위가 몰려왔지요. 식물도 동물도 모두 추위 때문에 얼어 죽고 덩치 큰 공룡들도 모두 죽고 말았어요.

 "태양빛이 차단되면 사람도 살 수 없나요?"

 "그럼. 일단 빛이 차단되면 머지않아 빙하기가 찾아오고, 너무 추워서 대부분의 생명체는 아마 살아남지 못할 거야."

3장 날씨와 생활

01 알뜰 쇼핑 비결
사계절이 뚜렷한 우리나라

02 자두와 우리나라 날씨의 공통점
우리나라 날씨의 계절별 특징

03 제비 사냥에 나선 돌돌이
옛날에는 어떻게 날씨를 예측했을까?

04 민지의 꿈은 기상 캐스터
기상 예보가 필요한 이유

05 보물 지도야?
일기도 읽는 법

06 돌돌이 때문에 불쾌해!
생활 지수는 어떻게 측정할까?

7월 11일 목요일 | 날씨 옷장만 봐도 덥다!

쇼핑 다녀온다는 엄마를 눈이 빠져라 기다렸건만 역시나 결과는 참담했다. 한여름에 한겨울 옷들을 어디서 그렇게 많이 사 오신 걸까? 당장 입을 여름옷도 없는데, 십 년은 넉넉히 입을 커다란 겨울옷들만 옷장에 쌓아 놨다. 누가 우리 엄마 좀 말려 줬으면! 아니다. 다음 생에는 사계절이 절대 뚜렷하지 않은 나라의 부잣집 딸로 태어나야지!

사계절이 뚜렷한 우리나라

우리나라의 기후와 날씨의 특징은 봄, 여름, 가을, 겨울 이렇게 사계절이 뚜렷하다는 것을 들 수 있어요. 지구상에서 이렇게 계절의 변화가 뚜렷한 지역은 북위와 남위 각각 30도에서 40도 사이에 위치한 나라에서 볼 수 있어요.

우리나라가 중위도에 위치해서 좋은 점은 뭔가요?

제일 큰 장점은 극지방처럼 너무 춥지도, 적도 지방처럼 너무 덥지도 않다는 점이겠지. 온대 기후는 기온도 습도도 적당해서 식물이 자라기에도 좋은 기후란다.

온대 기후는 사계절이 뚜렷해

우리나라뿐 아니라 이렇게 극지방과 적도 사이에 위치한 나라들에서는 일 년 내내 날씨의 변화가 잦아요. 왜냐하면 지구의 자전축이 기울어진 탓에 지구가 삐딱하게 누워서 태양 주위를 돌기 때문이지요. 일 년 중 지구가 태양의 어느 쪽에 놓이느냐 따라 햇볕을 많이 받고 적게 받고 하거든요.

세계의 기후를 크게 열대, 온대, 한대로 나눌 때, 우리나라는 온대 지방에 속해요. 또 지리적 위치상 삼면이 바다로 둘러싸여 있어요. 여름철에는 바다에서 습하고 따뜻한 바람이 불어오고 겨울철에는 북쪽 시베리아에서 건조하고 차가운 바람이 불어온답니다.

7월 13일 토요일 | 날씨 미미가 벼락 맞은 날

미미가 요즘 이 자두 언니 무서운 줄 모르고 까불다가 나한테 혼쭐이 났다. 감히 이 자두님을 변덕쟁이 날씨에 비교하다니! 내가 얼마나 고요한 바다처럼 변함없이 포근하고 넓은 마음을 가졌는지 항상 느꼈을 텐데 말이다. 아무튼 아직 어린 애기는 좀 봐주더라도 미미는 가끔씩 군기를 바짝 잡아야겠다. 그래야 이 온화한 언니에게 스스로 충성을 다할 테니까!

알짜배기 과학 상식

시베리아 기단

우리나라 날씨의 계절별 특징

우리나라는 3월에서 5월까지가 봄, 6월에서 8월까지가 여름, 8월에서 11월까지가 가을, 12월에서 이듬해 2월까지가 겨울이에요.

봄이 되면 겨울 동안 차가웠던 공기가 서서히 물러나며 따뜻한 기운이 시작돼요. 그러다가 꽃샘추위라 부르는 추위가 찾아오기도 하지요. 봄에는 중국에서 몰려오는 황사 현상 때문에 대기의 질이 좋지 않답니다.

우리의 온돌 문화는 우리나라의 기후와 어떤 관련이 있어요?

온돌은 북부 지방에서 추위를 막기 위해 처음 만들어졌지. 온돌은 더운 여름에도 차가운 기운이 돌아 시원하고 좋았단다.

겨울은 시베리아 지방에서 차가운 공기가 내려와 추운 날씨가 계속되지.

봄에는 중국에서 몰려오는 황사현상 때문에 대기의 질이 좋지 않아.

가을은 푸르고 높은 하늘을 만날 수 있어.

양쯔강 기단

오호츠크해 기단

　여름에는 남쪽 바다로부터 습하고 뜨거운 대기가 몰려와요. 무더위가 계속 이어지고 꽤 오랜 기간 비가 내리는 장마도 찾아오지요. 가을에는 푸르고 높은 하늘을 만날 수 있어요.
　겨울이 되면 북쪽 시베리아 지방에서 차가운 공기가 내려와 무척 추운 날씨가 계속돼요. 대기는 건조한 편이고 옛날에는 겨울이 되면 우리나라에 '삼한사온' 현상이 뚜렷이 나타났다고 해요. 삼 일은 비교적 쌀쌀하고 사 일 동안은 비교적 포근했지요. 하지만 요즘에는 겨울에 삼한사온 현상이 뚜렷이 나타나지 않는답니다.

초여름은 차갑고 습해.

여름은 남쪽 바다로부터 습하고 뜨거운 대기가 몰려와 무더위가 계속 이어지고 오랜 기간 비가 내리는 장마도 찾아와.

북태평양 기단

[천문 과학]

제비 사냥에 나선 돌돌이

7월 15일 월요일 | 날씨 제비가 낮게 날았다!

민지랑 팥빙수를 먹으러 가다가 제비 사냥에 나선 돌돌이와 윤석이를 만났다. 흐린 날, 낮게 나는 제비를 단숨에 낚아채겠다며 기세가 등등했는데, 누구든 돌돌이가 잠자리채를 휘두르는 걸 봤다면 나처럼 웃음을 참느라 엄청 힘들었을 거다. 어느 눈먼 제비가 돌돌이의 그 굼뜬 행동에 잡혀 줄까?

옛날에는 어떻게 날씨를 예측했을까?

조선 시대에 '관상감'이라는 기관은 날씨에 관한 업무를 담당했어요. 세종 때에 들어서면서 천문 과학이 발달했어요. 측우기를 발명해 비가 온 양을 과학적으로 재기 시작했답니다. 조선 시대에는 바람의 세기, 방향을 재는 '풍기'라는 기구도 있었지요.

풍기가 깃발이라면서요?

맞아. 바람과 깃발이라니 딱 어울리는 조합 아니니? 풍기는 조선 시대에 바람의 방향이 어떤지, 바람의 강도가 어떤지를 관측하기 위해 쓰인 깃발이란다.

기상 관측을 담당한 기구나 기구 말고도 서민들 사이에서는 여러 가지 자연 현상을 이용해 날씨를 예측할 수 있었어요.

　　예를 들어 날씨에 관한 말 중에 '제비가 낮게 날면 비가 올 징조다.' '달무리가 생기면 비가 온다.' '올빼미가 울면 날씨가 맑다.' '개구리가 울면 비가 온다.' '종소리가 선명하게 들리면 비가 온다.' 등이 있지요.

　　구름의 모양을 보고도 날씨를 예측할 수 있어요. 뭉게구름이 피어오르면 화창한 날씨가 계속될 거라는 것을 알 수 있지요. 만약 검은 먹구름이 밀려오는 것을 보면 누구나 곧 큰 비가 내릴 거라는 걸 알 수 있을 거예요.

[기상 예보]

민지의 꿈은 기상 캐스터

이상 MBS 기상 캐스터 김민지였습니다.

민지야! 너 아까 정말 잘하더라. 뉴스에 나오는 진짜 기상 캐스터 같았다니까!

정말?

자두야, 그래서 말인데, 나 장래희망을 기상 캐스터로 정했어! 날씨를 정확하게 예보하는 멋진 기상 캐스터가 되려고.

뭐, 정말?

하하! 그렇게나 많았나?

민지야, 기상 캐스터는 네 장래희망 리스트에서 76번째야.

7월 16일 화요일 | 날씨 구름이 주렁주렁

민지의 꿈이 또 바뀌었다. 지난 5월부터만 되짚어 봐도 스튜어디스가 되겠다더니 곧 비행기 조종사로, 다시 화가, 그리고 선생님, 연극배우, 그리고 플로리스트에서 이번에는 기상 캐스터가 되겠단다. 지금까지 내가 기록해 놓은 것만 76번째! 일 년에 한 가지씩만 해도 호호백발 할머니가 되어서도 다 못할 것 같다. 그나저나 꿈이 너무 많은 민지가 문제인지, 꿈이 하나도 없는 내가 문제인지 모르겠다.

알짜배기 과학 상식

기상 예보가 필요한 이유

우리는 아침에 일어나면 창밖을 내다보며 오늘 날씨를 가늠해 봐요. 비나 눈이 오는지, 바람은 얼마나 부는지, 하늘이 맑은지 구름이 많은지, 또 기온은 대략 어떤지 등을요. 좀 더 자세히 알아보기 위해서는 텔레비전에 나오는 기상 예보를 보거나 인터넷과 스마트폰으로 오늘의 날씨를 꼼꼼히 살펴보지요.

이렇게 날씨를 미리 알아보는 건 작게는 옷을 고르거나 우산을 가지고 나갈지를 결정하는 데 도움이 되고, 보다 크게는 오늘 내가 할 일을 결정하는 데 중요한 정보가 되어 준답니다. 예를 들어 친구와 산에 가기로 약속을 했는데, 아침부터 폭우가 쏟아진다면 아마 그 약속을 다른 날로 미루려고 할 거예요.

기상청에 있는 슈퍼컴퓨터는 어떤 일을 하나요?

 기상 관측 자료들은 종류도 다양하고 그 양도 아주 많아. 슈퍼컴퓨터는 이 모든 자료들을 계산하고 분석하고 빠르게 처리해서 일기도를 만드는 일을 한단다.

이렇게 날씨는 우리 생활에 크고 작은 영향을 미쳐요. 기상 예보가 필요한 이유도 바로 이 때문이지요. 날씨를 예측할 수 있으면 태풍이나 폭풍의 피해로부터 미리 대비할 수 있고, 황사나 미세먼지의 공격으로부터 자신을 보호할 수도 있을 거예요.

오늘 일기 예보를 들을 수 있어 다행이다~

오늘은 우산을 꼭 챙겨야겠다!

[일기도]
보물 지도야?

| 7월 20일 토요일 | 날씨 캐리어님 고마워요! |

미미는 혼자 똑똑한 척은 다 하면서 내 동생답지 않게 허술한 면이 너무 많다. 다락방에서 발견한 오래된 일기도를 글쎄, 보물 지도로 오해했단다. 쯧쯧, 불쌍한 내 동생, 얼마나 부자가 되고 싶었으면! 미미야, 조금만 기다려라! 이 언니가 빌 게이츠처럼 훌륭한 사업가가 되면 수영장 딸린 집에서 살게 해 줄게!

알짜배기 과학 상식

일기도 읽는 법

일기도는 날씨에 관한 정보들을 한데 모아 그림으로 그려 놓은 거예요. 혹시 슈퍼컴퓨터가 자료들을 분석해 그려 놓은 일기도를 본 적이 있나요? 꼼꼼하게 자세히 들여다보아도 뭐가 뭔지 하나도 모를 거예요.

일기도에서 등압선의 간격은 무엇을 나타내나요?

 등압선의 간격은 바람의 세기를 나타내. 바람의 세기가 셀수록 간격이 좁단다.

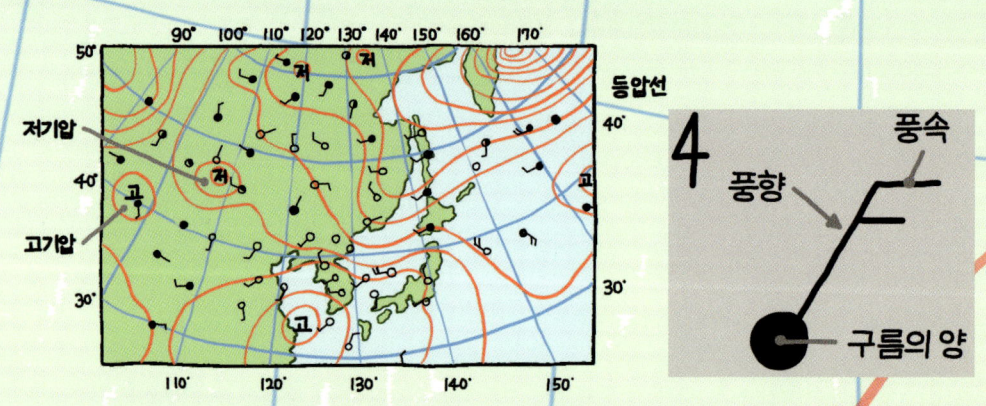

기호, 숫자, 선으로 날씨를 알 수 있다니!

일기도는 여러 가지 기호, 숫자, 선들로 이루어져 있는데, 복잡해 보이지만 그 기호들의 의미와 약속을 잘 알고 있다면 누구든지 일기도만 보고도 날씨가 어떤지 알아낼 수 있답니다.

	구 름			일 기					한랭 전선	온난 전선	정체 전선	폐색 전선
	맑음	갬	흐림	비	소나기	눈	안개	뇌우				

일기기호

일기도에서 같은 숫자들끼리 연결해 놓은 곡선인 등압선이 있어요. 또한 고기압과 저기압 표시, 구름의 양과 바람의 방향, 속도 등도 잘 나타나 있지요.

[생활 지수]

돌돌이 때문에 불쾌해!

7월 29일 월요일 | 날씨 불쾌지수 100점!

한여름, 돌돌이와 짝으로 지낸다는 건 내게 어마어마한 인내심이 요구되는 일이다. 하긴 우리 반 남자애들 대부분이 그렇다. 운동장에서 땀을 뻘뻘 흘리며 놀다 들어올 거면 최소한 물로 좀 씻고 와야 하는 거 아닌가? 날씨도 덥고 습한데 땀으로 축축해진 남자애들이 뿜어내는 악취란! 우웩! 아무튼 오늘 내 불쾌지수는 내가 태어난 이래 최고, 최악의 점수를 갱신했다.

생활 지수는 어떻게 측정할까?

날씨의 여러 가지 요소들이 우리 생활에 어떤 영향을 얼마나 미치는지를 수치로 표시한 것이 생활 지수예요. 이러한 생활 지수에는 불쾌지수, 자외선 지수, 빨래 지수, 세차 지수, 식중독 지수, 외출 지수 등이 있어요.

자외선 지수가 높으면 외출을 삼가야해요?

자외선 지수가 11 이상이면 위험한 단계에 속해. 자외선 지수는 하루 중에서 11시에서 1시 사이가 가장 높은데, 그때는 야외 활동을 피하는 게 좋겠지. 만약 그럴 수 없다면 자외선 차단제를 바르거나 긴 옷으로 피부가 드러나지 않도록 주의해야해.

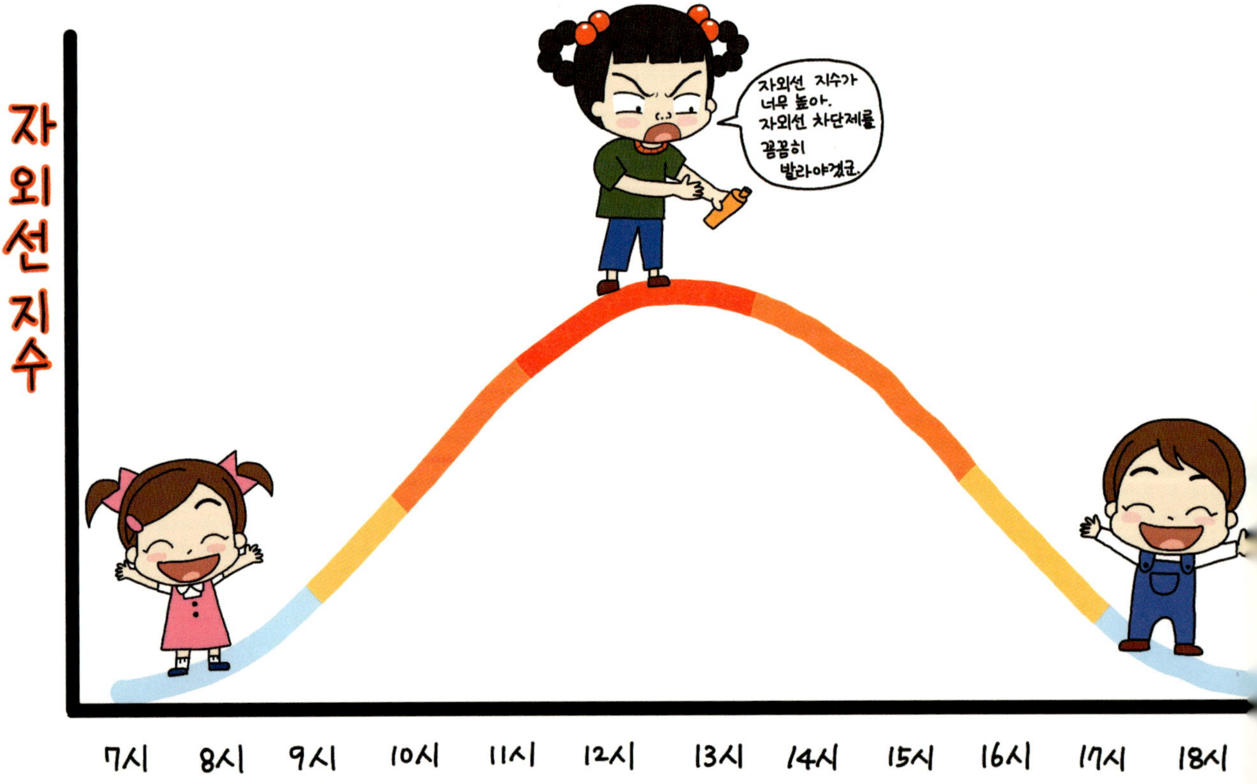

자외선 지수가 너무 높아. 자외선 차단제를 꼼꼼히 발라야겠군.

자외선 지수

7시 8시 9시 10시 11시 12시 13시 14시 15시 16시 17시 18시

더운 여름날, 습도마저 높으면 땀이 흐르는 몸 곳곳에서는 끈적끈적한 기분이 가시지 않아요. 이런 날은 이유 없이 짜증이 나고 옆 사람과 살짝 닿기만 해도 화가 치밀어 오르곤 해요. 왜 그럴까요? 아마도 불쾌지수가 높기 때문일 거예요.

체감 온도는 어떻게 측정하나요?

불쾌지수가 여름에 필요하다면 반대로 체감 온도는 겨울철에 필수란다. 체감 온도는 겨울철에 온도와 습도, 바람의 세기 등을 측정해서 계산하는데, 체감 온도를 미리 알아보고 추위에 대비할 수 있도록 하는 거지.

온도, 습도 둘다 높아서 불쾌지수가 높네!

이상하다? 영하도 아닌데 너무 추워~!

4장 환경과 기상

- **01** 구두쇠 엄마의 여름 나기
  지구 온난화

- **02** 북극곰이 불쌍해
  이상 기후와 지구의 위기

- **03** 폭우와 가뭄을 일으키는 괴물
  이상 기후를 불러오는 엘니뇨와 라니냐

- **04** '미세먼지 매우 나쁨'이 불러온 일상
  미세먼지의 위협

- **05** 지구는 자두가 지킨다!
  지구 온난화를 막기 위한 우리의 노력

[지구 온난화]

구두쇠 엄마의 여름 나기

8월 11일 일요일 | 날씨 너무 덥다!

일기 예보에서 오늘이 40년 만에 낮 최고 기온을 기록한 날이란다. 내가 태어나기 전은 물론이고 우리 엄마도 태어나 처음 겪는 무더위다. 그린네 우리 집은 이 엄성난 더위를 손바닥만 한 선풍기 하나로 맞서 싸우고 있다. 민지네는 어제 최신 에어컨이 들어왔다던데. 내일은 무슨 일이 있어도 민지네 집으로 피서를 떠나 해지기 전에는 돌아오지 않을 거다.

알짜배기 과학 상식

지구 온난화

지구 온난화는 지구의 평균 기온이 점점 높아져서 지구가 계속 더워지는 것을 말해요. 아주 오랜 옛날부터 지구는 점점 더워지는 게 사실이지만 지금은 문제가 심각해지고 있어요. 오랜 옛날에는 대부분 자연적인 요인 때문이었어요. 하지만 지금은 불어난 인구, 그 많은 사람들의 활동 때문에 더워지고 있어요. 또 최근 들어 기온이 올라가는 속도가 무척 빨라졌지요.

 우리 주변에서 지구 온난화의 증거를 찾을 수 있어요?

 우리나라 동해안에서 명태가 잘 안 잡힌다고 해. 찬물에 사는 명태들이 바닷물이 따뜻해지니 더 북쪽으로 올라가 버린 거지. 반대로 따뜻한 물에 사는 오징어는 더 많아졌어.

지구 온난화는 지구를 둘러싼 온실가스들이 마치 담요로 지구를 두르고 있는 것처럼 지구를 포근하게 감싸고 있기

힘내! 지구야, 내가 지켜줄게.

"나랑 비슷해지네"

때문이에요. 이러한 온실가스에는 이산화탄소, 메탄, 이산화질소 등이 있어요. 그중 주범인 이산화탄소는 사람들이 화석 연료로 난방을 하고 공장 기계를 돌리고 자동차를 타고 다닐 때 만들어지지요.

지구 온난화를 막기 위해 햄버거를 덜 먹는 게 도움이 된다는데 왜 그런 거예요?

초식 동물인 소가 풀을 먹고 소화시킬 때 몸에서 메탄가스가 배출된다고 해. 햄버거뿐 아니라 고기 소비량을 줄이는 게 온난화를 막는 데 도움이 되겠지.

"너무 더워~"

[이상 기후]

북극곰이 불쌍해

9월 7일 토요일 | 날씨 빙하가 녹아요!

'북극곰의 위기'라는 다큐멘터리를 봤다. 지구 온난화 때문에 지구가 점점 더워지면서 북극의 얼음이 녹아서 사라지고 있다는 것이다. 그 바람에 얼음을 타고 이동하는 북극곰은 생존의 위협을 받게 됐다. 먹을 것을 구하지 못해 뼈와 가죽만 남은 북극곰을 보는 것이 너무 슬펐다. 그 와중에 미미는 뜬금없이 동물원에 가자고 했다. 철없는 내 동생을 어찌해야 할까? 북극곰도 미미도 정말 큰일이다.

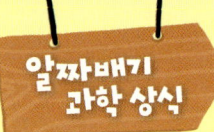 알짜배기 과학 상식

이상 기후와 지구의 위기

　세계 여러 나라의 대표들은 프랑스 파리에서 모여 지구 전체의 공통적인 고민에 대해 이야기를 나누었어요. 바로 '각 나라에서 배출되는 온실가스를 줄여야 한다.'는 점이지요.

　온실가스는 지구를 점점 더 덥게 만드는 주범인데, 우리나라는 세계에서 일곱 번째로 온실가스를 많이 배출하는 나라지요.

남극과 북극은 무척 추울 텐데 왜 그렇게 얼음이 빨리 녹아요?

지구의 평균 기온이 상승하는 것보다 남극과 북극에서는 훨씬 빠른 속도로 온난화가 진행되고 있어. 바닷물이 얼어서 생긴 얼음은 물로 만들어진 얼음보다 더 빠르게 녹는단다.

지구가 이렇게 점점 더워지면서 북극곰은 삶의 터전을 잃어버리고 위기에 빠졌어요. 북극곰은 북극의 얼음을 옮겨 다니며 사냥을 해서 먹고 살아요. 이런 상태로 조금만 더 진행되면 북극의 얼음은 다 녹아 버리고 북극곰은 사냥을 못해 굶어 죽고 결국, 멸종돼 버릴지도 몰라요. 실제로 바다 얼음이 사라지면서 북극곰의 개체 수는 10년 사이에 반으로 줄었다고 해요.

[엘니뇨와 라니냐]

폭우와 가뭄을 일으키는 괴물

9월 17일 화요일 | 날씨 비가 왔으면 좋겠다!

오늘 학교에서 '엘니뇨'와 '라니냐'에 대해 배웠다.
선생님께서는 페루와 칠레 앞바다에서 일어나는 바닷물이
따뜻해지고 차가워지는 현상 때문에 지구촌 곳곳에 여러 피해가
일어나고 있다고 말씀하셨다. 캬! 지구촌, 지구촌 하더니 정말 지구가
한 마을처럼 좁아진 게 맞나 보다. 어디 있는지도 모르는 나라
바다가 좀 따뜻해졌다고 온 세계가 이렇게 떠들썩하니 말이다.

이상 기후를 불러오는 엘니뇨와 라니냐

엘니뇨는 남아메리카 대륙의 페루와 칠레 앞바다에서 일어나는 바닷물이 따뜻해지는 현상을 말해요. 처음에는 이렇게 따뜻한 바닷물을 타고 물고기들이 몰려들자 어민들은 무척 좋아했어요. 마침 그즈음이 크리스마스 때라 '엘니뇨(아기 예수)'라는 이름을 붙였지요.

우리나라도 엘니뇨나 라니냐의 영향을 받아요?

그럼. 예년보다 유독 추운 겨울, 유독 더운 여름도 그 영향일 수 있지. 또 엘니뇨가 나타날 때는 바다에서 오징어가 사라지고 해파리 떼와 적조 현상이 일어난단다.

엘리뇨

그런데 엘니뇨 현상이 곧 좋아할 일만은 아니란 것을 알게 되었어요. 엘니뇨 현상이 오래 지속되면서 오징어와 정어리 등은 떼죽음을 당하는 일이 일어났지요. 또 남아메리카 지역에 어마어마한 홍수 피해가 발생하고 동남아시아 지역에는 가뭄 피해를 불러왔지요.

라니냐는 엘니뇨와 반대로 동태평양 바다의 바닷물 온도가 평년보다 낮아지는 현상이에요. 보통 엘니뇨가 끝나면 라니냐가 찾아오는데, 이때는 동남아시아에서 홍수가 일어나고 남아메리카 지역에서 가뭄이 발생한답니다.

[미세먼지]

'미세먼지 매우 나쁨'이 불러온 일상

| 10월 25일 금요일 | 날씨 하늘이 노란 날 |

오늘은 '가을 하늘이 뭐 이래!'라는 소리가 절로 나올 만큼 종일 뿌연 하늘이었다. 켁켁! 나는 지금 목이 몹시 아프다. 오늘은 미세먼지가 매우 나쁨이라 엄마가 얼른 집으로 들어오라고 했는데 돌돌이와 윤석이의 축구 유혹에 넘어가고 말았다. 두 시간이나 뛰어놀았더니 목 안에 먼지가 잔뜩 낀 느낌이다. 엄마한테 혼날까 봐 아프단 소리도 못하고 엄마 모르게 조용히 소금물로 입 안과 목 안을 씻어 내야겠다.

알짜배기 과학 상식

미세먼지의 위협

　매일 아침, 사람들은 기상 예보를 확인하면서 자연스럽게 확인하는 수치 하나가 더 있어요. 바로 공기의 질을 가늠하는 미세먼지와 초미세먼지의 수치예요.
　사람들은 이 공해 물질의 지름이 10마이크로미터 이하일 때는 미세먼지, 2.5마이크로미터 이하일 때는 초미세먼지로 구분해 부르지요.

우리나라의 미세먼지는 거의 중국에서 날아오는 거죠?

그렇지 않아. 중국에서 날아오는 것도 있지만 대개 50% 이상은 우리나라에서 발생하는 거란다.

보통 먼지나 이물질들은 대개 우리 콧속의 털이나 기관지의 섬모에서 걸러 낼 수 있어요. 하지만 미세먼지와 초미세먼지는 너무나 작기 때문에 걸러지지 않고 우리 몸속에 그대로 들어가 쌓이게 되지요. 그러고는 눈이나 호흡기, 피부 등에 병을 일으키고 악화시키기도 해요.
　미세먼지는 자동차에서 내뿜는 배출 가스, 여러 공장에서 굴뚝을 통해 나오는 연기, 음식점에서 고기를 구울 때 발생하는 연기 속에도 숨어 있어요. 특히 석탄을 이용한 화력 발전소에서 나오는 가스 속에 많은 양의 미세먼지가 포함되어 있지요.

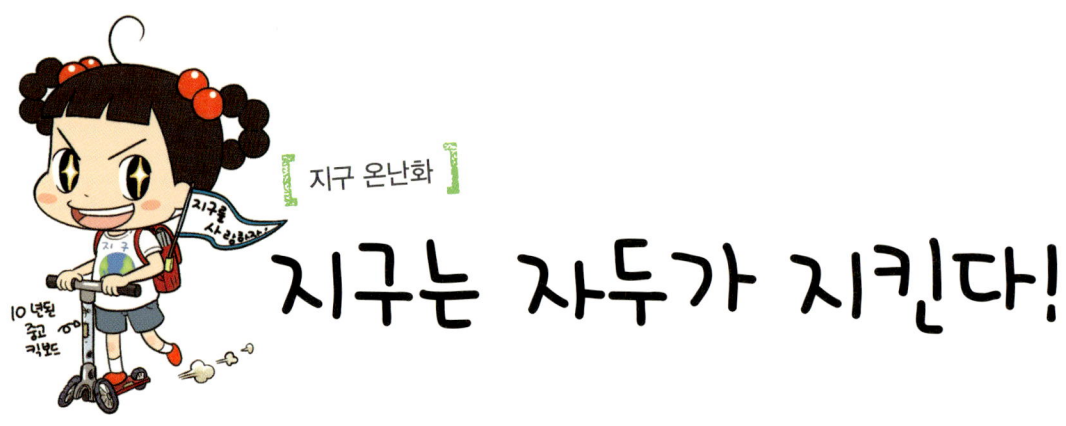

11월 6일 화요일 날씨 가을은 짧다!

은희는 다 마음에 들지 않지만 특히 마음에 안 드는 점이 한 가지 있다. 학교에서 집까지 거리가 얼마나 된다고 매일 차를 타고 다니는 건지. 쩝! 기 나 저 나 오늘 은희의 안 좋은 습관을 고쳐 주려다가 하마터면 큰일 날 뻔했다. 그 차에서 그렇게 많은 사람들이 한꺼번에 내릴 줄이야! 아무튼 앞으로도 은희가 걸어서 다닐 수 있도록 은희를 잘 꾀어 봐야겠다.

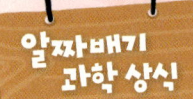 알짜배기 과학 상식

지구 온난화를 막기 위한 우리의 노력

미래 지구는 우리들의 몫이에요. 지구를 건강하게 잘 지켜서 우리 다음 세대에 물려주는 것 또한 우리가 해야 할 일이에요. 생활 속에서 우리가 할 수 있는 작은 일부터 실천하는 게 중요해요.

> 화석 연료를 줄이고 앞으로 이용해야 할 대체 에너지에는 어떤 것들이 있어요?

> 태양 에너지는 우리가 무한대로 쓸 수 있어. 오염도 없고 깨끗한 에너지이니 태양열 에너지를 이용하면 좋을 거야. 또 바람의 힘을 이용한 풍력 에너지, 동식물의 폐기물을 이용한 바이오 에너지도 있단다.

 태양아 고마워

온실가스 배출을 줄이기 위해 가까운 거리는 자동차보다 걷기, 자전거나 대중교통을 이용해요. 또 에어컨 사용을 줄이고 컴퓨터를 아껴 써요. 컴퓨터 한 대를 만드는 데는 많은 양의 에너지가 소비되기 때문이지요.

겨울에 내복을 챙겨 입으면 난방으로 소비되는 에너지를 줄일 수 있어요. 숲을 살리기 위해 종이를 아껴 쓰고 종이컵이나 일회용품 사용을 의식적으로 줄이는 것도 중요하지요.

물을 아끼기 위한 방법으로 '물 발자국' 표시하기가 있던데 그게 뭐예요?

그 상품을 만드는 데 들어간 물의 양을 표시하는 거란다. 예를 들어서 A4 사이즈의 종이 한 장에는 10리터의 물이, 햄버거 1개에는 2400리터의 물이 필요하다고 해.

경제를 놀이처럼 쉽고 재미있게!
스마트한 세 살 경제 습관이 여든 간다!

아빠가 알려 주는 경제 이야기

부자가 되고 싶다고요?
자유롭게 돈을 쓰면서 살고 싶다고요?
《태토의 부자 되는 시간》에는
부자가 되는 비밀이 들어 있어요!
똑똑한 경제 동화가 미래의 나를
부자로 만들어 줄 거예요!

어른도 아이도 재미있는 경제보드게임
미래의 부자를 꿈꾸며 재미있는 게임 한 판!

신비아파트 학습 보드게임

카드 게임도 하고
속담, **고사성어**, **국기**도 익히고!

www.haksanpub.co.kr (주)학산문화사 문의 02-828-8962